EDITION 2018

Edition Septembre 2017

OPTIMAL EDITIONS

DU MEME AUTEUR
CHEZ LE MEME EDITEUR

**AU – DELA DES MONTAGNES
ALLER AU BOUT DE SES IDEES & DE SES PROJETS**

**AU – DELA DES MONTAGNES
PROTEGER SON TEMPS**

A CHACUN SON TABLEAU DE BORD

TOUS A VOTRE BUSINESS PLAN !

**FACILES LES CALCULS COMMERCIAUX,
FINANCIERS & DE GESTION !**

Le SEUIL DE RENTABILITE …….
UNE APPROCHE NON NEGOCIABLE !

« Vous n'avez pas raison parce que les autres sont d'accord avec vous, mais parce que les faits sont exacts, et que votre raisonnement est juste »

(Warren BUFFET)

Naviguer à vue ne permet jamais d'anticiper les obstacles, de les résoudre ou de les contourner. Quant aux solutions de repli, si elles existent, comment les peaufiner dans l'urgence ?

Tout **PROJET COMMERCIAL** ou **D'ENTREPRISE** (mais la démarche reste valable et s'applique sans difficulté à un projet culturel, sportif, voire humanitaire) nécessite une préparation minimum. Mais ce minimum nous amene à réaliser un tour complet de notre projet, de ses aléas et des solutions alternatives appropriées.

Les points à examiner dans cette approche prévisionnelle ? Tous ceux que comporte un véritable **BUSINESS PLAN** (voir la publication sur ce thème, par le même auteur, chez le même éditeur : « **TOUS A VOTRE BUSINESS PLAN !** »)

Mais parmi tous ces éléments dignes d'une introspection approfondie, un revêt une importance toute particulière :

LE SEUIL DE RENTABILITE

Pour le définir, à la fois simplement et clairement, nous pourrions poser comme fondation :

Le **SEUIL DE RENTABILITE** d'une entreprise, d'une organisation, ou encore d'un projet, c'est le **NIVEAU D'ACTIVITE** (exprimé selon les cas en **EUROS**, en **NOMBRE de JOURS DE C.A** (chiffre d'affaires quotidien moyen), en **NOMBRE de CLIENTS**, en nombre **d'ARTICLES VENDUS**, en nombre **d'ADHERENTS** s'il s'agit d'une association, ou bien en nombre de **MISSIONS** pour un Consultant,……), au-delà duquel l'entreprise, l'organisation ou le projet, va commencer à **DEGAGER UN BENEFICE**.

Dans ce qui suit, nous aborderons certes des éléments de pure gestion, mais également des thèmes de réflexion, et notamment des attitudes, des pensées et des citations de personnages connus ; des « winners » dans le monde des affaires mais pas que ……

Avec un but bien précis : que chacun puisse s'approprier ce qui fait la richesse d'une approche « **SEUIL DE RENTABILITE** », à savoir si en connaissance de causes…..le porteur de projet concrétise ou pas son objectif, et dans quelles conditions !

Trop souvent ce **SEUIL DE RENTABILITE**, fait l'objet d'une approche avant lancement de projet, sans actualisation au cours de la vie et de l'évolution de celui-ci. Or les aléas, positifs comme négatifs, restent fréquents. De plus, dans un monde turbulent et instable comme le nôtre, fonder le pilotage d'un projet sur des prévisions et des planifications à plus ou moins long terme relève quasiment ……de la magie !!!!!
D'où cette nécessité opérationnelle d'ajuster en permanence nos prévisions aux réalités concrètes du terrain et des circonstances.

Tel créateur avait prévu d'embaucher un seul salarié la première année, mais son activité évolue positivement, et une seconde embauche s'impose ; il devra donc nécessairement rajouter à ses coûts prévisionnels celui de ce nouvel employé (salaire + charges sociales salariales et patronales, et d'éventuels frais de déplacement ou autre).

Tel autre prévoyait d'utiliser en leasing deux fourgonnettes, et finalement en achètera une seule, par crainte de sous-utilisation. Un troisième réduira finalement au bout de quelques mois d'activité ses effectifs salariés en préférant des agents commerciaux ou encore des autoentrepreneurs, pour simplifier sa gestion et gagner du temps au niveau administratif.

Chacun de ces choix stratégiques amenés par la **VIE de l'ENTREPRISE** ou les **CHOIX RATIONNELS** de l'entrepreneur, impactera les charges de l'entreprise et donc entrainera une **MODIFICATION du SEUIL DE RENTABILITE**.

Nous approfondirons cet impact au travers des nombreux cas développés dans la partie 3 de cet ouvrage.

Pour déterminer ce niveau d'activité impératif à atteindre, il conviendra impérativement de passer par différentes étapes totalement incontournables :

- lister et évaluer les **charges fixes** liées à ce projet (il faudra ainsi répartir charges fixes et charges variables) ; et ne pas en oublier certaines !
- affiner la **marge commerciale** à retenir (pas toujours simple quand on produit ou commercialise plusieurs produits ou services),
- préciser à quel moment devrait être atteint ce SEUIL DE RENTABILITE / SR (il s'agira de préciser le **POINT MORT**, c'est-à-dire la date/le nombre de jours où le S.R devrait être atteint),
- mesurer, notamment en cas de conjoncture tendue, la **MARGE DE SECURITE**, écart entre le réalisé et le S.R.

Une mure et objective réflexion s'impose donc dans cette démarche de découverte du **SEUIL DE RENTABILITE**.

Par exemple nombre de créateurs omettent dans le calcul de leurs charges ou coûts prévisionnels……**le revenu et les charges sociales les concernant** ! Comment voulez-vous disposer d'une vision claire de votre avenir si vous calculez par exemple que votre seuil de rentabilité est de 80 pizzas vendues par jour, mais sans intégrer les 2 000 € nets (et donc il y aura en sus des charges sociales ….) que vous souhaitez gagner mensuellement ? Heureux d'atteindre ce chiffre de 80 pizzas…., vous devrez néanmoins cesser votre activité, ou pire déposer votre bilan après quelques mois d'activité car vous ne retirerez aucun bénéfice de l'énergie dépenser à la vente ! Erreur de beaucoup de créateurs !!!!!

Le banquier, lui, ne manquera pas de rentrer dans le détail de vos calculs et de valider la présence ou non d'un tel élément.
Par ailleurs, la formalisation du **SEUIL DE RENTABILITE** de manière concrète (nombre de maisons vendues à l'année par un constructeur de maisons, nombre de clients jour pour un restaurant, ….) sera plus parlante qu'une formulation classique en euros.

Et puis n'oublions pas que dans tout projet d'un entrepreneur la notion de **RISQUE** se doit d'être évaluée et gérée au mieux.

Certes rien ne pourra jamais garantir le succès, mais une gestion insuffisante et un manque d'éléments prévisionnels fiables risquent fort d'amener une cessation d'activité subie, et encore plus grave un dépôt de bilan : un traumatisme que plus de 60 000 chefs d'entreprise découvrent chaque année !!!!

D'où l'importance également de bénéficier de **conseils éclairés** de professionnels : professionnels du secteur (des confrères ayant de l'expérience, connaissant votre secteur d'activité, voire votre secteur géographique), mais aussi consultant, expert-comptable, banquier,….., au cœur eux aussi de la « vraie vie » !

SOMMAIRE

Partie 1 : A LA DECOUVERTE DES FONDAMENTAUX DU SEUIL DE RENTABILITE

1. Ce qu'il n'est pas ; et ce qu'il est. Définition.
2. Les plus du SEUIL DE RENTABILITE
3. La démarche de mise en place

Partie 2 : CALCULER LE SEUIL DE RENTABILITE : LES PREMIERES ETAPES A FRANCHIR !

1. La distinction Coûts variables – Coûts fixes
2. La notion de Marge sur coût variable
3. Le Tableau différentiel
4. La Marge de sécurité
5. Le Levier d'exploitation ou opérationnel

Partie 3 : DES ETUDES DE CAS POUR VOUS FAIRE LA MAIN !

1. Cas « MOTOCULTURE DU BORDELAIS »
2. Cas « AU FIL DE L'Ô »
3. Cas « BUSINESS CONSULTANT »
4. Cas « PIZZAS LANDAISES»
5. Cas « PARC OUF »

Partie 4 : VOTRE CALCUL DU SEUIL DE RENTABILITE NE VAUDRA QUE S'IL VIT.

1. Comment l'atteindre facilement?
2. Les éléments qui justifient son actualisation
3. Savoir le faire vivre et le faire évoluer
4. Le SEUIL DE RENTABILITE ne suffit pas …..

Annexes :

- Les mots clés du SEUIL DE RENTABILITE
- Bibliographie / Webographie
- Personnages cités.

****

PARTIE 1

« Il y a l'avenir qui se fait et l'avenir qu'on fait. L'avenir réel se compose des deux »

(ALAIN)

Partie 1 : A LA DECOUVERTE DES FONDAMENTAUX DU SEUIL DE RENTABILITE

1. Ce qu'il n'est pas ; et ce qu'il est. Définition.
2. Les plus du SEUIL DE RENTABILITE
3. La démarche de mise en place.

****

Si l'approche **SEUIL DE RENTABILITE** s'impose communément lors d'une création d'activité, de projet, ou encore d'entreprise, il s'avère tout aussi essentiel de procéder à la même démarche lors d'un fort développement, d'une diversification, de difficultés conjoncturelles ou structurelles, ou encore lors d'une reprise d'entreprise. Ou tout simplement pour définir avec un nouveau fournisseur un cap d'activité à atteindre dans un délai préétabli.

<u>A QUEL MOMENT CALCULER SON SEUIL DE RENTABILITE ?</u>

Bien entendu, un **temps de gestation** s'avère plus que nécessaire, afin de maîtriser au mieux la totalité de ce qu'il va représenter, ce **SEUIL DE RENTABILITE**. Ainsi, vous serez obligatoirement amené à revisiter vos premiers calculs, car immanquablement il y a aura eu des oublis de certaines charges, des soucis de juste évaluation, des changements de cap de votre part, ……. Et un environnement changeant, versatile, et rempli de nouveautés et d'innovations. D'où la difficulté permanente de construire des prévisions…..

« Dans le monde des affaires, le miroir arrière est hélas toujours plus clair que le pare-brise » (WARREN BUFFET)

La quête du **SEUIL DE RENTABILITE** relève donc tout autant du **curatif que du préventif** ; mais en intégrant toujours de forts éléments prévisionnels bien entendu, pour préparer l'avenir.

QUELS DESTINATAIRES POUR LE SEUIL DE RENTABILITE ?

Là encore nos pensées se dirigent en tout premier lieu vers **banquiers** et **investisseurs**.

Mais d'autres cibles, tout aussi importantes pour l'entreprise, méritent une approche spécifique :

- tout d'abord......**les porteurs de projets**. Et ils s'oublient bien souvent, privilégiant beaucoup trop la cible des professionnels de la finance; alors qu'ils devraient en priorité privilégier leur avenir, et la portée réelle de leur projet ;

- autre cible à ne pas négliger, toute proche des créateurs…...les **hommes (et femmes !) clés de l'entreprise**! En effet, préciser le **SEUIL DE RENTABILITE** permettra de fixer un cap et des objectifs. Bien menée, cette démarche s'avère très payante car synonyme de transparence, et moteur de motivation et d'implication.

A ne point omettre non plus, car se montrant de plus en plus exigeants ces dernières années……..les **distributeurs de subvention**s (Fondations économiques, Conseils régionaux, Conseils généraux, Communes et Communautés de communes,…..).

AUGUSTE DETOEUF, industriel et essayiste français affirmait……

« **En affaires, mentir n'est jamais nécessaire, rarement utile, et toujours dangereux !** ».

Le pire pour un chef d'entreprise résiderait sans nul doute dans le fait de se tromper soi-même ! Non ?

1.CE QU'IL N'EST PAS ; ET CE QU'IL EST. DEFINITION

CE QUE LE SEUIL DE RENTABILITE N'EST PAS …..

Vous l'avez compris maintenant, le **SEUIL DE RENTABILITE** ne se présente pas comme une simple check-list de **données prévisionnelles**, sorties d'un chapeau de magicien. Ces dernières, répertoriées par thèmes (le local, la communication, les déplacements, les salariés,……), découleront impérativement de la stratégie privilégiée, des moyens humains retenus, organisationnels, juridiques, commerciaux et financiers validés.

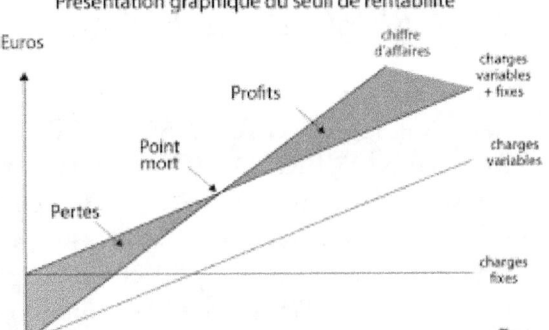

Donc ....
- soit le **SEUIL DE RENTABILITE** est partie prenante dans un **BUSINESS PLAN**,
- soit présenté seul, il s'accompagnera d'une note explicative suffisamment détaillée pour que les chiffres pris en compte ne soulèvent aucune ambigüité.

Par ailleurs, le **SEUIL DE RENTABILITE** ne se confond pas avec le **POINT MORT**. Ce dernier le complète : c'est le moment (ou la date, ou encore le nombre de jours) auquel est atteint le **SEUIL DE RENTABILITE**.

L'entreprise commence donc à réaliser des bénéfices une fois atteint ce point.

Pour bien maîtriser la nature et le montant de ces données, il parait impératif de les lier au **BUSINESS-PLAN** ; sinon nul ne pourra juger de la cohérence des chiffres avancés.

CE QUE LE SEUIL DE RENTABILITE EST ......

Le **SEUIL DE RENTABILITE** d'une entreprise, d'une organisation ou encore d'un projet, c'est le **NIVEAU D'ACTIVITE** (exprimé selon les cas en EUROS, en NOMBRE DE JOURS DE C.A (chiffre d'affaires journalier moyen), en nombre de CLIENTS, en nombre d'ARTICLES VENDUS, en nombre d'ADHERENTS s'il s'agit d'une association, ou bien en nombre de MISSIONS pour un Consultant,......), au-delà duquel l'entreprise, l'organisation ou le projet, va commencer à **DEGAGER UN BENEFICE**.

ALBERT BRIE, sociologue canadien) n'affirme-t-il pas que
....
« le dernier mot dans une affaire, est toujours un chiffre ! ».

Faut-il encore qu'il soit défini au plus juste !

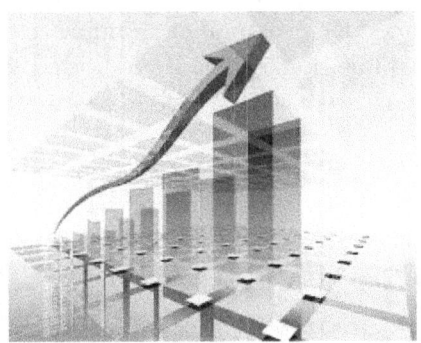

2.LES PLUS DU SEUIL DE RENTABILITE

Pour un créateur d'entreprise, étudier objectivement le niveau d'activité minimum à atteindre sur une période donnée permet de déboucher sur plusieurs voies :
- projet très facile à mettre en place,
- projet impossible à mener à son terme,
- ou encore projet à retoquer pour atteindre les objectifs escomptés.

Toutes les situations peuvent se présenter. L'essentiel résidera sans nul doute dans le regard objectif à porter sur les chiffres à atteindre.

Ce projet ne nous fait-il pas prendre trop de **risque** ; avons-nous réellement les moyens de le mener à bien ; ….. Autant de questions clés à se poser, avant de partir dans ce qui reste toujours une aventure, même si les risques encourus paraissent sous contrôle.

Avons-nous prévu …. **« Un plan B »** ? Trop souvent le créateur ne connait pas l'existence de « l'assurance homme clé », d'une autre intitulée « perte d'exploitation », ….. Et de bien d'autres termes concernant des moyens de protéger le chef d'entreprise comme son entreprise!

D'où l'ouverture nécessaire à a quête d'informations, par le recours à des professionnels (experts-comptables, avocats, notaires,….), mais aussi aux amis, aux fournisseurs ou clients potentiels, eux aussi porteurs d'avis, de conseils, et d'opportunités.

En outre, une fois le lancement des hostilités commerciales lancées, un outil trop souvent négligé jouera tout son rôle : « L'ARBORESCENCE DE TABLEAUX DE BORD ».

En effet qu'il s'agisse de données purement commerciales, ou d'autres concernant les produits et services mis en avant, ou bien encore les aspects organisationnels et qualitatifs, nous aurons là des éléments de confirmation ou d'alerte particulièrement significatifs et importants pour valider les prévisions ou pour réajuster la feuille de route.

3.LA DEMARCHE DE MISE EN PLACE

Première étape : **FUSIONNER AVEC LA STRATEGIE RETENUE** aspects commerciaux (clients, fournisseurs, concurrents,...), priorités de communication, choix humains ; en effet chaque option retenue amène nécessairement des incidences financières.

Seconde étape : ETABLIR LES PREMIERS CHIFFRAGES ; tant au niveau des coûts fixes que de la marge (voir PARTIE 2 de cet ouvrage)

Troisième étape : VALIDATION DES PREMIERES DONNEES RETENUES, soit par un professionnel (Expert-comptable, Avocat d'affaires, Consultant, Banquier, Service création ou Financement d'une Chambre de Commerce ou Chambre des Métiers,……..), soit par des proches. Procéder à l'ensemble de la démarche seul présente trop d'aléas, de risque d'oublis ou encore de sous-estimation financière. Et n'oublions pas que même ……

« Quand des gens intelligents expliquent leurs idées à un orang-outan, cela améliore la qualité de leur prise de décision » (WARREN BUFFET)

Quatrième étape : FINALISATION DES CALCULS / EVALUATION DE LA FAISABILITE. Il s'agira ici, le plus objectivement possible, de porter un avis clair et sans ambigüité. Le PROJET se présente comme facile à concrétiser, ou irréaliste dans le contexte actuel et donc il conviendra de procéder à des réajustements ; ou bien encore la page est à tourner : trop de risque ou trop d'éléments inconnus ou mal cernées, et donc abandon ou report dans le temps.

« Un pessimiste voit la difficulté dans chaque opportunité ; un optimiste voit l'opportunité dans chaque difficulté (WINSTON CHURCHILL

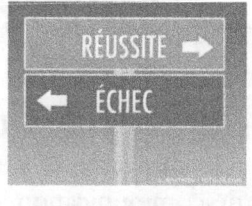

****

PARTIE 2

«On n'attend pas l'avenir comme on attend un train. L'avenir on le fait»

(GEORGES BERNANOS)

Partie 2 : CALCULER LE SEUIL DE RENTABILITE : LES PREMIERES ETAPES A FRANCHIR

1. La distinction Coûts variables – Coûts fixes
2. La notion de Marge sur coût variable
3. Le Tableau différentiel
4. La Marge de sécurité
5. Le Levier d'exploitation ou opérationnel

****

Les principes posés, passons maintenant au langage des chiffres. Nous procéderons ici en 5 étapes complémentaires dans le but de cerner toutes les facettes de notre thème : **LE SEUIL DE RENTABILITE.**

Deux méthodes répondent à cette quête du GRALL !!!!

- *la méthode comptable simple* : le **SEUIL DE RENTABILITE** est atteint quand le **chiffre d'affaires** (C.A) est égal au total des charges mobilisées par l'activité et par les différentes fonctions de l'entreprise. Ses charges sont qualifiées de **fixes** (C.F / c'est-à-dire indépendante du niveau d'activité de l'entreprise : frais de structure, amortissement,... -) ou de **variables** (C.V / évoluant proportionnellement au niveau d'activité : matières premières, emballages, main d'œuvre spécifique,...-)

  On a donc : CA – (CV – CF) > 0

- ***la méthode basée sur la marge :*** bien évidemment cette méthode détermine le même niveau de seuil de rentabilité que la précédente, mais souligne et singularise la notion de marge sur coût variable

On a donc : (CA – CV) – CF » 0 ; avec ……..

  o   CA – CV = Marge sur coût variable (MCV)

  o   Taux de marge sur coût variable (MCV) = MCV / CA.

1. LA DISTINCTION COÛTS VARIABLES – COÛTS FIXES

Les charges prévisionnelles sont qualifiées de ….
- **fixes** (CF = c'est-à-dire indépendante du niveau d'activité de l'entreprise : frais de structure, amortissement,… -)
- ou **variables** (CV = évoluant proportionnellement au niveau d'activité : matières premières, emballages, main d'œuvre spécifique,….-)

Parmi les CHARGES FIXES ou DE STRUCTURE : les amortissements, les intérêts d'emprunt, le loyer immobilier ; mais encore leasing matériel ou informatique, eau-gaz-électricité, budget communication, honoraires expert-comptable, assurances, salaires fixes et charges sociales liées, …..

- une **CHARGE FIXE** peut très bien avoir un montant fluctuant / variable. Prenons quelques exemples :

    o le remboursement d'un prêt est par essence non lié au chiffre d'affaires réalisé ; idem pour le loyer à régler au propriétaire des murs.

    o Par contre, dans d'autres cas, nécessité de prendre en compte l'activité spécifique de l'entreprise.

    o Prenons le cas de la consommation d'eau : dans le cas général aucun lien direct entre le chiffre d'affaires réalisé et le montant de la facture ; sauf s'il s'agit d'une entreprise dont l'activité principale réside dans la découpe de matière par jet d'eau (on aura dans ce cas une **CHARGE VARIABLE**)

Parmi les CHARGES VARIABLES : tout d'abord les achats de marchandises ou de matières premières ; mais aussi les commissions versées à un Agent commercial (par exemple 7% du chiffre d'affaires ; étant indépendant il réglera toutes ses charges en direct –déplacements, charges sociales, assurances véhicule,… - et donc pas de frais supplémentaires pour l'entreprise); ou encore le coût forfaitaire des déplacements d'un commercial.

Possible également qu'un cumul existe **CHARGES FIXES / CHARGES VARIABLES** : un commercial recevant un salaire fixe + une prime selon le chiffre d'affaires réalisé ou encaissé.

Par ailleurs, des éléments complémentaires parfois pondèrent cette vision.

Il s'agit des **ECONOMIES D'ECHELLE** (une production peut s'accroître sans augmentation des coûts variables - par augmentation de la productivité, par un coût marginal inférieur au coût initial) ; mais aussi des **EFFETS DE SEUIL** (pour produire au-delà de ces capacités actuelles, une entreprise doit acquérir une capacité de production complémentaire ; dans un premier temps il reste vraisemblable que les coûts auront tendance à augmenter plus rapidement et plus fortement que l'augmentation de production envisagée)

Il faut donc particulièrement bien réfléchir à cette ventilation entre ces deux familles de charges, car la valeur de la marge sur coût variable s'en trouvera affectée, et par voie de conséquence le calcul du **SEUIL DE RENTABILITE**.

Par ailleurs, trop de créateurs choisissant de travailler par exemple avec des professionnels, des entreprises ou des collectivités territoriales, omettent la prise en compte de charges financières telles que l'Escompte bancaire, le coût du recours à la Loi Dailly, celui du Factoring, ou celui encore des commissions bancaires sur les flux financiers sur le compte de l'entreprise.

Et parfois, devant toutes ces déconvenues, il devient vital de changer de cap…….

« Quand on est dans un trou, la pire chose à faire est de continuer à creuser » (WARREN BUFFET)

2.LA NOTION DE MARGE SUR COUT VARIABLE

Nous venons de voir que la MCV (Marge sur Coût Variable) résulte de la différence C.A (Chiffre d'affaires hors taxes) – CHARGES VARIABLES ; et que le TAUX DE MCV provient de la division MCV / C.A.

Dès lors le SR (SEUIL DE RENTABILITE) se calcule ainsi …….

- **SR = CF / TAUX DE MCV**

- ou $SR = (CA \times CF) / MCV$, selon les données collectées.

Du Chiffre d'affaires au Résultat

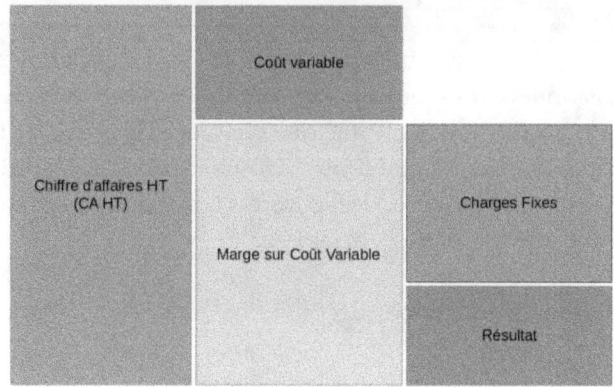

3.LE TABLEAU DIFFERENTIEL

LE *TABLEAU DIFFERENTIEL* constitue en fait le compte de résultat relooké, et faisant la distinction entre charges variables et charges fixes; ce qui permet de réaliser des calculs intermédiaires.

Il se présente généralement sous l'aspect suivant :

    CA

- CV (CHARGES VARIABLES)
_____

= MCV

- CF (CHARGES FIXES)
_____

= R (RESULTAT)

avec ......

- CA : CHIFFRE D'AFFAIRES (total des facturations HT sur une période donnée)
- TAUX DE CV : (CV / CA) x 100
- MCV : CA – CV
- TAUX DE MCV : (MCV / CA) x 100
- R : MCV – CF
- TAUX DE R : (R / CA) x 100

- SR (en €) = CF / TAUX DE MCV

- SR (en €) = (CF x CA) / MCV

- SR (en quantités) = SR (en €) / PRIX DE VENTE UNITAIRE

- POINT MORT = (SR x 360) / CA

Si le **SEUIL DE RENTABILITE** permet de déterminer le niveau minimum de Chiffre d'affaires à atteindre, le nombre de produits à vendre, le nombre de clients dont l'entreprise a besoin, le **POINT MORT**, lui, affinera la date à laquelle le **SEUIL DE RENTABILITE** sera atteint.

L'objectif est bien entendu qu'il soit atteint le plus tôt possible ; obsession encore plus forte pour un investisseur. Aujourd'hui, même un Etat cherchera un **R.O.I** (Retour sur Investissement) le plus rapide possible.

Plus le **POINT MORT** sera atteint rapidement, plus le <u>risque</u> sera diminué. Un créateur ne pourra certainement pas attendre 3 ans pour trouver enfin la rentabilité de son projet ; ou alors il s'agit d'un rentier, ou il possède une activité principale lui permettant d'attendre ; ce qui survient pour certains autoentrepreneurs, fonctionnaires ou retraités par ailleurs

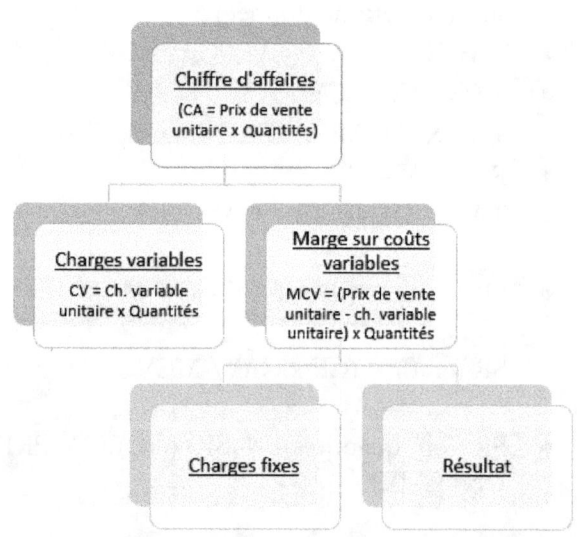

Pour les autres types de créateurs, cette notion de **POINT MORT** s'avère décisive. D'ailleurs, ne faudrait-il pas aussi, intégrer des alternatives, par exemple telles que……

- que se passe-t-il si mes prix d'achat augmentent de 10 % ?
- que se passe-t-il si mes prévisions de vente chutent de 25 % ?
- est-il préférable d'acheter ce fourgon ou le prendre en leasing ?
- ………..

Enfin, notons que très peu d'entreprises possède une activité, et donc un chiffre d'affaires quotidien régulier. D'où un calcul du **POINT MORT** bien délicat en fait à calculer ! **Son ordre de grandeur** reste donc l'élément essentiel à déterminer.

Dans l'année, le **POINT MORT** de cette PME survient-il en avril ou ….mi-décembre ? Chaque mois, le **POINT MORT** de ce commerçant survient-il le 10 du mois, ou entre le 28 et le 31 ?

Plus il se concrétise tôt, moins l'entrepreneur aura de stress, et plus il se consacrera au développement de son entreprise. Alors que malheureusement trop de créateurs passent une bonne partie de leur temps à courir après les encaissements ou à se demander comment franchir la prochaine échéance du paiement des salaires ou des cotisations sociales !!!!!!

4. LA MARGE DE SECURITE

La **MARGE DE SECURITE** se calcule par la différence entre le SEUIL DE RENTABILITE (SR) et le CHIFFRE D'AFFAIRES (CA) PREVU OU REALISE

MARGE DE SECURITE = CA - SR

Plus cette marge est forte, moins l'entreprise court le risque de se trouver en difficulté financière. Faut-il encore que ce chiffre d'affaires se concrétise par des encaissements (car n'oublions pas que le Chiffre d'affaires représente l'ensemble des facturations hors taxes de l'entreprise sur une période donnée)

L'**INDICE DE SECURITE**, lui, mesure la **MARGE DE SECURITE** en pourcentage du Chiffre d'affaires

INDICE DE SECURITE : (MARGE DE SECURITE/CA) x 100

QUE FEREZ-VOUS SI LES CHOSES NE SE PASSENT PAS AUSSI BIEN QUE PREVU ?

Ceci permet deux choses :

- d'une part **d'éviter des prévisions trop optimistes,**

- et d'autre part, de **prévoir un « Plan B »,** voire un « Plan C » ; et de manière suffisamment détaillés pour que les partenaires ne doutent pas de vos anticipations, et de votre capacité à réagir et à activer si besoin les bonnes solutions de repli.

« **Les prévisions nous en disent beaucoup sur ceux qui les font ; mais elles ne nous disent rien sur l'avenir** ».

Certes **WARREN BUFFET,** le célèbre milliardaire américain exagère quelque peu, quoique ….. !!!!!!
Ce que nous pourrons retenir ici, c'est d'une part qu'il faut absolument éviter de se noyer sous les chiffres et les éléments de gestion….et que d'autre part l'essentiel reste bien de vendre, et d'encaisser ! Et bien entendu avec une marge suffisante, permettant un résultat convenable.

5. LE LEVIER D'EXPLOITATION OU OPERATIONNEL

Le **LEVIER OPERATIONNEL** mesure l'impact immédiat d'une augmentation du chiffre d'affaires sur le résultat de l'entreprise. Il souligne ainsi l'élasticité du résultat d'exploitation par rapport au niveau d'activité de l'entreprise, en déterminant la sensibilité du résultat à toute évolution du chiffre d'affaires.

LEVIER OPERATIONNEL : VAR. RESULTAT / VAR. CA

Les prévisions se révèlent de plus en complexes à établir car notre monde économique sombre dans **l'instabilité** croissante et les **changements**, parfois à 180° ; mais l'objectif d'un bon gestionnaire n'est-t-il pas de neutraliser autant que faire se peut cet « avenir incertain » ?

Ce qui peut bouger... sans quasiment prévenir ?
- les clients, les fournisseurs, les partenaires, les concurrents,
- les marchés, la technologie,
- les produits et prestations,
- les processus, le management,
- la réglementation, les normes,
- le contexte géopolitique,
- ………..

Ce qui ressort de nombre de commentaires de banquiers ou d'investisseurs, lors de l'analyse des éléments de gestion prévisionnels fournis par les porteurs de projet…….des erreurs fatales trop souvent rencontrées !!!!!!

Les **4 erreurs à ne pas commettre** ?

- présenter un **dossier bâclé**; restant **trop approximatif,** pas suffisamment orienté vers l'opérationnel ; ne maitrisant pas des éléments essentiels tels que les charges sociales,…….

- oublier ou **négliger le P.A.C.C.** (Plan d'Actions Commerciales et de Communication)

- **ne pas soigner la présentation** de ce dossier **SEUIL DE RENTABILITE**

- **ne pas prévoir des tableaux de bord** permettant de suivre et d'ajuster la « feuille de route » fournie par les éléments composant l'approche **SEUIL DE RENTABILITE**

Ainsi, par le truchement de ces Tableaux de bord, le porteur de projet sélectionnera des axes de progrès jugés souhaitables, des actions spécifiques appropriées, et des objectifs d'amélioration de la performance.

Et ne jamais oublier que…….

« Si jamais vous vous retrouvez dans un bateau qui coule, l'énergie pour changer de bateau est plus productive que l'énergie pour colmater les trous » (WARREN BUFFET).

Citation que l'on pourrait rapprocher de celle du créateur de **VIRGIN**, **RICHARD BRANSON** :

« Les opportunités d'entreprise sont comme les autobus : il y en a toujours un autre qui s'en vient »

Nb : à toute fin utile, consulter l'ouvrage « **A CHACUN SON TABLEAU DE BORD** », chez le même éditeur, du même auteur.

****

PARTIE 3

« J'ai raté plus de 9 000 lancés dans ma carrière. J'ai perdu presque 300 parties. 26 fois on m'a confié le ballon pour que j'effectue le lancer gagnant, et je l'ai manqué. J'ai échoué encore et encore et encore dans ma vie. Et c'est pourquoi j'ai réussi. »

(MICKAEL JORDAN)

Partie 3 : DES ETUDES DE CAS POUR VOUS FAIRE LA MAIN.

1. CAS « MOTOCULTURE DU BORDELAIS »

2. CAS « AU FIL DE L'Ô »

3. CAS « BUSINESS CONSULTANT »

4. CAS « PIZZAS LANDAISES»

5. CAS « PARC OUF »

CAS « MOTOCULTURE DU BORDELAIS»

Parallèlement à leur activité de vente et d'entretien d'articles de motoculture – « **MOTOCULTURE DE BORDEAUX** » -, située à Eysines, » Virginie et Paul DESVIGNES choisisse un nouvel axe de développement : la création et l'entretien de jardins, sur le nord-ouest de la Métropole de Bordeaux.

A partir des éléments fournis en Annexe - à compléter le cas échéant par vos connaissances en gestion - répondre aux 3 questions ci-dessous :

ANALYSER L'ENSEMBLE DES DEPENSES PREVUES,
1. SELECTIONNER CELLES CONCERNANT DES INVESTISSEMENTS & ELEMENTS DU BILAN DE DEPART,
2. CALCULER LA DOTATION AUX AMORTISSEMENTS A RETENIR POUR LA PREMIERE ANNEE D'ACTIVITE.
3. LISTER LES CHARGES FIGURANT AU COMPTE DE RESULTAT

Annexe « Motoculture du Bordelais »

Dépenses envisagées par le couple……..

- achat d'une petite tondeuse électrique (200 €), achat d'une tondeuse autoportée (1400 €), achat d'une remorque (800 €), achat de deux fourgonnettes (14000 € & 21000 €); recours à un avocat d'affaires pour la création d'une société indépendante de leur activité actuelle (2200 €) ; immatriculation à la CCI de Bordeaux (600 €) ; réalisation d'une mini étude de marché par une junior entreprise d'une école de commerce (900 €) ; recours à un expert-comptable (200 € mensuel) ; assurances et entretien du véhicule (1200 €) ; missions et réceptions (2500 € annuel) ; carburant (1000 € tous les deux mois) ; communication (200 € mensuel)

D'autres dépenses auraient été à prendre en compte si ce couple n'avait pas eu déjà une activité très proche de cette diversification ; plutôt que de répartir certains postes comme le loyer par exemple, leur expert-comptable leur suggère un règlement de 1000 € mensuel pour mise à disposition de locaux et moyens techniques par leur activité de base.

……………………..

CAS « AU FIL DE L'Ô »

IGOR, BRUNO et YVAN décident d'ouvrir au printemps de l'année prochaine un magasin de 450 m2 dédié au surf, situé dans le centre-ville de Bordeaux. Ce magasin comprendra les rayons suivants :
- SURF, SKATE, WAKE, BODYBOARD
- SURFWEAR & CHAUSSURES
- WINDSURF / KITESURF / SNOWBOARD & SKI/....

Nos trois bordelais, âgés de 25 ans, se connaissent depuis plus de dix années, et possèdent un vaste réseau relationnel.

Passionnés de surf et de ski nautique, compétents sportivement, techniquement et gestionnaires, si l'on en croit leur diplôme d'une Grande Ecole de Commerce, ils traversent une phase de réflexion avant d'aller plus loin dans leur projet : ils désirent construire leur bilan de départ, et souhaiteraient que vous les aidiez dans leur réflexion.

Ils retiennent deux étapes afin d'établir ce Bilan au plus près de la réalité, compte tenu d'un prochain rendez-vous avec leur futur banquier.

Travail à réaliser à partir de votre réflexion, sans aucune donnée fournie.

POUR CONSTRUIRE LE BILAN DE DEPART DE LEUR PROJET …….
1. ENUMERER LES INVESTISSEMENTS A RETENIR POUR LEUR DEBUT D'ACTIVITE
2. LISTER LES PRINCIPAUX COMPTES QUI VONT SE TROUVER A L'ACTIF & AU PASSIF DE CE BILAN (sans les chiffrer)

………………………………..

CAS « BUSINESS CONSULTANT »

JEAN-JACQUES DE VILLANDRAY, diplômé il y a 7 années d'une Grande Ecole de Commerce parisienne, puis Consultant junior dans un puissant groupe américain d'Audit et de Commissariat aux comptes, décide de créer sa propre activité de consultant, dans le secteur du tourisme, et tout particulièrement en Aquitaine. Ses bureaux se trouveront dans le centre-ville de Bordeaux.

Notre créateur va s'installer dans un Centre d'affaires situé près de l'aéroport de Bordeaux – Mérignac; avec un bureau utilisable en fonction de ses besoins, et un contrat stipulant un coût de base mensuel de 900 €.

Il reprend l'activité d'un Consultant bien connu en Aquitaine pour ses interventions dans le Conseil et les Etudes concernant la restauration, l'hôtellerie et le tourisme ; celui-ci, Jacques PERCEVAL, part à la retraite dans 6 mois …..

En s'appuyant sur le vécu de ce dernier, notre créateur pense réaliser par client 2 missions, chacune d'un montant hors taxes de 2 500 €.

En Annexe, vous trouverez les principales dépenses que Jean Jacques de VILLANDRAY engagera au démarrage, et lors de sa première année d'activité.

Dans 48 heures, il rencontre son banquier ; d'où la nécessité de maîtriser les éléments ci-dessous, pour lesquels il sollicite votre aide.

COMPTE TENU DES ELEMENTS FOURNIS ......
1. **ESTIMER LA DOTATION AUX AMORTISSEMENTS DE LA PREMIERE ANNEE D'ACTIVITE**
2. **CALCULER L'ENSEMBLE DES CHARGES**
3. **DETERMINER LE SEUIL DE RENTABILITE A ATTEINDRE**

Annexe « BUSINESS CONSULTANT »

Liste prévisionnelles des dépenses à engager :
- achat véhicule BMW (35 000 €, amortissable linéairement sur 5 ans) ; achat de matériels bureautiques et informatiques (ordinateur, scan, photocopieur de poche,…) ; 3 000 € amortissables linéairement sur 3 ans) ; assurances et entretien voiture (125 € mensuel) ; assurance « Homme clé » (580 €) ; acquisition du Fonds de commerce de Jacques PERCEVAL (35 000 €) ; honoraires expert-comptable (2 500 €) ;

- invitations (250 € par mois) ; communication sous forme de plaquettes, cartes de visite, et de spots dans des radios locales (5 000 €) ; frais administratifs (400 € par trimestre) ;
- et encore .... téléphone (coût consommation annuelle 600 €) ; mailings (900 €) ; frais financiers (450 €) ; frais de constitution de s.a.r.l. (2 400 €) ; frais immatriculation (1200 €) ; acquisition de fichiers entreprises (2 700 €) ; carburant (200 € mensuel) ; autres frais de déplacement (5 000 € annuel) ; embauche d'un salarié (3 000 € brut par mois ; les charges sociales patronales sont estimées à 50% du salaire brut) ; et documentation (100 € mensuel)

En outre, il ne démarrera son activité que sur une base de salaire net mensuel pour lui de 3 000 €.

****

CAS « PIZZAS LANDAISES»

JEAN-LUC & EDGAR décident de créer en avril prochain, une activité de vente de pizzas, en bordure de la Métropole bordelaise, côté rive droite. Ils ont usé les mêmes bancs d'Ecole de commerce, et vont consacrer une vingtaine d'heures par semaine, chacun, à cette activité, pendant leur dernière année d'étude.

La gamme de pizzas proposée se présente comme large, avec une trentaine de références ; quant au prix moyen, il s'affiche à 9,5 € (le coût de revient moyen matière s'évalue à 2,75 euros).

Ce cas intègre, pour les deux premières questions posées, des éléments abordés dans les 3 cas précédents. Bien entendu, pour chaque activité, outre des éléments systématiquement présents tels que, pour un créateur, les frais de constitution et d'immatriculation, nous avons par ailleurs des éléments spécifiques à l'activité objet du projet.

Ici, pour les investissements : des tables, des chaises, des parasols, un fléchage éventuel, une personnalisation du fourgon,…..

Ici, pour les charges : une tenue vestimentaire spécifique, la protection du nom ou d'un logo, ou encore d'un slogan auprès de l'INPI,……

Dans ce cas « **PIZZAS LANDAISES** » nous n'approfondirons que les 3 dernières questions, non abordées dans les cas précédents.

AFIN DE LES CONSEILLER AU MIEUX, APPROFONDISSER LES POINTS SUIVANTS …..
1. CONSTRUIRE LE BILAN DE DEPART
2. DETERMINER L'ENSEMBLE DES CHARGES A INTEGRER DANS LE COMPTE DE RESULTAT
3. CALCULER LE SEUIL DE RENTABILITE DE CE PROJET
4. LISTER LES 3 AXES PERMETTANT DE REDUIRE LE NIVEAU DU SEUIL DE RENTABILITE
5. CHOISIR 6 INDICATEURS PERMETTANT DE SUIVRE AU MIEUX LE FUTUR DEMARRAGE D'ACTIVITE

****

PROPOSITIONS DE REPONSES ....

1. LE CAS « MOTOCULTURE DU BORDELAIS »

A. INVESTISSEMENTS & ELEMENTS DU BILAN DE DEPART :

- Investissements :
    - Petite tondeuse : 200 €
    - Tondeuse autoportée : 1 400€
    - Remorque : 800 €
    - Fourgonnette 1 : 14 000 €
    - Fourgonnette 2 : 21 000 €

- Autres éléments figurant au Bilan :
    - A l'actif : trésorerie (1 à 3 mois de charges d'avance)
    - Au passif : capital social de la nouvelle société (au minimum 1 € - capital social minimum pour une s.a.r.l. - ; mais il vaudrait mieux prévoir plus, car le montant du capital social affiche l'implication financière des actionnaires, et constitue donc un fort élément de crédibilité et d'engagement vis-à-vis des tiers, dont….la banque !)

- Pourraient également être mis au bilan de départ, dans la rubrique « Immobilisations incorporelles » : communication de lancement de l'activité/étude de marché/frais de constitution de société/frais d'immatriculation/...... ; mais on préférera généralement les disposer dans les charges, et donc les faire figurer dans le compte de résultat.

B. <u>DOTATION AUX AMORTISSEMENTS 1ERE ANNEE</u>

Nous ne retiendrons ici que les *« Immobilisations »*, car seule « Grande Masse du bilan » concernée par des dotations.

L'amortissement d'une immobilisation est le constat de la dépréciation (ou perte de valeur « comptable » d'une immobilisation) de cette immobilisation dans le temps ; il n'y a qu'un rapport assez lointain avec la baisse de cote aboutissant à une valeur marchande type valeur « argus ».

Lors d'un investissement dans une immobilisation, la valeur de cet élément est à prendre en compte.

S'il vaut au moins 500 €, l'investissement devra nécessairement être « amorti » sur plusieurs exercices comptables ; ainsi, quelle que soit la façon de payer cette immobilisation (cash, crédit vendeur, prêt bancaire,…) la valeur d'achat sera étalée sur plusieurs années (pour un véhicule utilitaire généralement 3 à 7 ans); tout dépendra, en terme de durée retenue par le chef d'entreprise et son expert-comptable, de la durée d'utilisation prévue par l'entreprise.

Pour les immobilisations de valeur inférieure à 500 €, le choix est laissé à l'entreprise : soit amortissement classique, soit prise en compte comme une dépense courante, et donc directement intégrée en totalité dans le compte de résultat (généralement en achat de petit matériel).

La **« Dotation aux amortissements »** - figurant dans le compte de résultat - est le total des amortissements de l'année ; alors que l' **« Amortissement »** - figurant lui au bilan – est le total cumulé des dotations annuelles au fil du temps.

<u>Par principe l'amortissement est dit « linéaire »</u>. C'est-à-dire que si par exemple la durée d'amortissement retenue est de 3 ans, la valeur de l'immobilisation acquise sera répartie sur 3 années, et le montant de la dotation annuelle se valorisera au tiers de cette valeur.

Par ailleurs, on tiendra compte du moment de l'achat : ainsi une acquisition début juillet amènera une prise en compte pour la première année d'une demi- année de dotation (seconde et troisième année normale, et quatrième année une demi-année pour obtenir 36 mois de dotations).

Si l'entreprise considère qu'il y a une usure rapide dans les premières années d'utilisation, elle peut opter pour *l'amortissement dit « dégressif ».* Dans ce cas-là, un coefficient est appliqué de façon à augmenter sensiblement la dotation aux amortissements des premières années ; ainsi dans notre exemple, l'amortissement retenu est de 3 ans et donc l'immobilisation perd comptablement 1/3 de sa valeur chaque année. En amortissement dégressif, cette perte de 1/3 sera à majorer de 25% ; portée ainsi à 41,67 % (33% x 1.25)..........................

Ainsi pour un amortissement de 4 ans maximum, coefficient de 1.25
Pour une durée de 5 ou 6 ans : 1.75
Et au-delà de 6 ans : 2.25.

La différence : Valeur d'Achat - Dotation porte de nom de **Valeur Comptable Résiduelle** ; à partir de la seconde année, c'est sur cette valeur que sera appliqué le coefficient ci-dessus pour déterminer la Dotation aux amortissements de l'année en cours (la seconde année, la troisième,…)

Ici :

Immobilisations :	Montant	Durée Amortissement	Dotations
• Petite tondeuse	200 €	2 ans	100 €
• Tond. autoportée :	1400€	2 ans	700 €
• Remorque :	800 €	4 ans	200 €
• Fourgonnette 1 :	14000 €	7 ans	2000 €
• Fourgonnette 2 :	21000 €	7 ans	3000 €

Soit un total de « Dotations aux Amortissements » pour **la première année de 6 000 €,** en supposant que les acquisitions soient réalisées en tout début d'année (sinon application du « prorata temporis » (montant en fonction de la date d'acquisition)

51

C. CHARGES FIGURANT DANS LE COMPTE DE RESULTAT

- Frais d'avocat : 2 000 €
- Immatriculation à la CCI de Bordeaux : 600 €
- Etude de marché : 900 €
- Honoraires Expert-comptable : 2 400 €
- Assurances et entretien : 1 200 €
- Missions et réceptions : 2 500 €
- Carburant : 6 000 €
- Communication : 2 400 €
- Redevance société initiale : 12 000 €
- et Dotation aux amortissements : 6 000 €

Soit un total de 36 000 €

****

2. LE CAS « AU FIL DE L'Ô »

A. LISTER LES INVESTISSEMENTS A RETENIR POUR LEUR DEBUT D'ACTIVITE

Ces investissements peuvent être, comptablement de 3 natures ; on parle alors d' « **Immobilisations** » :

- des immobilisations incorporelles,
- des immobilisations corporelles,
- et des immobilisations financières.

Ces dernières, les immobilisations financières, concernent principalement des achats d'actions et des prises de participations dans d'autres sociétés. Peu de chance que cela concerne nos 3 créateurs, du moins dans cette phase de lancement d'activité.
Restent donc les deux autres familles d'immobilisations. Quelques exemples d'immobilisations incorporelles et d'immobilisations corporelles :

- *immobilisations incorporelles :*
    - les frais d'établissement,
    - les frais de recherche et développement
    - les concessions, marques, brevets, licences,.........
    - droit d'entrée,......
    - achat de fichier clients
    - achat de Fonds de commerce (estimation de la valeur de la clientèle) ou de Pas de porte (l'emplacement)
    - ....

- *immobilisations corporelles :*

    o terrains
    o aménagements et agencements
    o constructions
    o installations techniques
    o matériels et outillages industriels,
    o matériels de transport,
    o matériel de bureau et informatique,
    o mobilier……..

B. LISTER LES PRINCIPAUX COMPTES QUI VONT SE TROUVER A L'ACTIF & AU PASSIF DE CE BILAN (sans les chiffrer)

Le Bilan peut se définir comme la photographie, à un instant donné, du patrimoine d'une entreprise. Sur cette photo, on voit ce que l'entreprise possède (l'ACTIF) et ce qu'elle doit (le PASSIF).

Principales « Grandes Masses » de l'ACTIF :

- Actif immobilisé (vu précédemment)

- Actif circulant (appelé aussi « réalisable et disponible ») :
  - Stocks (marchandises, matières premières, emballages,…)
  - Créances clients (ici en début d'activité il n'y en aura pas)
  - Banque
  - Et Caisse

Principales « Grandes Masses » du PASSIF :

- Capitaux propres (Dettes de l'entreprise vis-à-vis des actionnaires ou associés) ; en début d'activité on trouvera le capital social c'est-à-dire les apports valorisés se trouvant dans les statuts de l'entreprise (apports financiers mais aussi sous forme d'apports en nature si par exemple les associés créent une s.a.r.l.).

Dans les années qui suivront, on y trouvera également le résultat de l'année en cours, les éventuels apports sous forme de prêt à l'entreprise – les comptes courants associés -, et les réserves légales (5% des bénéfices annuels affectés à celle-ci, avec un plafond en cumul au fil des années situé à 10% du capital social de l'entreprise ; ce plafond progressera éventuellement si le capital social augmente) ou réserves statutaires (non obligatoires mais fixées dans les statuts de l'entreprise ; par exemple, pendant 3 années les associés décident d'abandonner à l'entreprise leurs dividendes).

- <u>Dettes</u> (Dettes de l'entreprise vis-à-vis des Tiers – Banquiers, Fournisseurs, Dettes fiscale, Dettes sociales -)

  Dans le cas de ce projet, pourraient y figurer un prêt bancaire, la récupération de TVA suite à des investissements effectués, et du « crédit fournisseurs » concernant le stock, un showroom,……

****

3. LE CAS « BUSINESS CONSULTANT »

A. ESTIMER LE MONTANT DE LA DOTATION AUX AMORTISSEMENTS DE LA 1ERE ANNEE

- **Investissements réalisés** :
    - Achat d'un véhicule BMW : 35 000 € (amortissement linéaire retenu sur 5 années) ; si ce véhicule était acquis sous forme de location (L.O.A. par exemple, il ne figurerait pas dans les investissements, mais serait considéré comme une charge (de type loyer) ;
    - Achat de matériels bureautiques et informatiques : 3 000 € (amortissement linéaire sur 3 ans) ;
    - Achat du Fonds de commerce de M. PERCEVAL : 35 000 € ; c'est bien un investissement, une immobilisation, mais un fonds de commerce est non amortissable ;
    - Frais de constitution (2 400 € amortissable sur 3 ans)
    - Frais de premier établissement (1 200 € amortissable sur 3 ans) ;
    - Acquisition de fichiers (2 700 E amortissable sur 3 ans) ;

- **Calcul de la dotation aux amortissements** du premier exercice (en supposant un début d'activité au 1 janvier, et acquisition des investissements au même moment) :

Bien	Montant	Durée amort.	Dotation annuelle
Véhicule	35000 €	5 ans	7000 €
Matériels	3000 €	3 ans	1000 €
Frais const.	2400 €	3 ans	800 €
Frais immat.	1200 €	3 ans	400 €
Fichiers	2700 €	3 ans	900 €

Soit un total de :
10 100 € DE DOTATIONS AUX AMORTISSEMENTS (pour le premier exercice comptable).

B. CALCULER L'ENSEMBLE DES CHARGES PREVISIONNELLES

En prenant en compte les éléments fournis en annexe, voici la liste des charges prévisionnelles :

- Assurances et entretien véhicule (125 € x12) :1500€
- Assurance « Homme clé » : 580€
- Honoraires Expert-comptable : 2500 €
- Invitations (250 € x12) : 3000€
- Communication : 5000€
- Frais administratifs (400€ x 4) : 1600€
- Téléphone : 600€
- Mailing : 900€
- Frais financiers : 450€
- Carburant (200€ x 12) : 2400€
- Autres frais de déplacement : 5000€
- Coût salarié (3000€ x 1.5 x 12) : 54 000€
- Documentation (100€ x 12) : 1200€
- Coût rémunération Jean Jacques de VILLANDRAY
  - 3000€ net x 2 x 12mois = 72 000€

Soit un total de charges de : 150 730 €
Auquel il convient de rajouter le montant des Dotations aux amortissements calculé précédemment : 10 100 €

D'où un total de charges à prendre en compte de : 160 830 €

C. CALCULER LE SEUIL DE RENTABILITE A ATTEINDRE PAR JEAN JACQUES DE VALENDRAY.

L'activité exercée par JEAN JACQUES DE VALENDRAY est une activité de service et de conseil, qui ne génère pas (ou très peu) de charges variables. Nous les négligerons donc ici.

Le total des charges prévisionnelles, calculé dans la question précédente, est estimé à 160 830 €.

Le chiffre d'affaires à réaliser sera donc de ce même montant.

Par ailleurs, nous pouvons l'exprimer d'une autre manière, en partant du principe (à vérifier ultérieurement dans les faits) que la facturation par mission est de 2 500 €, et qu'un client devrait lui confier 2 missions. Nombre de missions annuelles : 160 830 € / 2 500 € = 64,33, soit 65 missions à réaliser la première année.

Un client est censé lui confier 2 missions. Mais nous n'avons pas d'information sur le laps de temps s'écoulant entre les deux ; et qui plus est si la première mission confiée se déroule en fin d'année la seconde sera au mieux pour l'année suivante.

D'où un nombre de clients avec lequel travailler la première année compris entre 61 et 31 (61 si JEAN JACQUES DE VALENDRAY ne réalise qu'une mission par client ; 31 s'il parvient à en réaliser 2 par client)

En conclusion le SEUIL DE RENTABILITE peut donc s'exprimer de 3 façons :
- en chiffre d'affaires : **160 830 €**
- en nombre de missions : **65 missions**
- et en nombre de clients ; **entre 33 et 65 clients**

****

4. LE CAS « PIZZAS LANDAISES »

C. CALCULER LE SEUIL DE RENTABILITE DE CE PROJET.

Une fois listé et estimé l'ensemble des charges que JEAN-LUC et EDGAR vont devoir couvrir, il va donc falloir calculer le **SEUIL DE RENTABILITE** de leur projet.

Les pizzas vendues le sont à 9.5 € ; leur coût de revient est de 2,75 €. Le coût de revient comprend le coût matière + le coût de fabrication + les coûts liés aux achats + les coûts de distribution (emballage,...)

Sous réserve que ce coût soit bien maîtrisé, la marge pour chacune des ventes concrétisée est donc de : 9.5 € - 2.75 € = 6.75 €. Parmi les charges ne pas oublier un élément spécifique au commerce non sédentaire : le coût de l'emplacement, généralement de 1€ à 5 € le mètre linéaire.

Le **SEUIL DE RENTABILITE** peut-être exprimé de différentes manières :
- en chiffre d'affaires (annuel ou sur une autre période ; par « séance d'intervention »)
- en nombre de pizzas (à l'année ou sur une autre période ; par « séance d'intervention »)

Une fois calculé le total des charges annuelles, il suffira de diviser par la marge sur une pizza (ici 6.75 €) pour déterminer le **nombre de pizzas à vendre sur l'année.**

Pour connaitre **le nombre de pizzas par « séance d'intervention »** sur un marché, sur une place publique ou sur le parking d'une Grande Surface, il suffira de diviser ce nombre annuel de pizzas par les nombre de séances prévues dans l'année.

Quant au **chiffre d'affaires à réaliser,** il se calculera en multipliant ces nombres de pizzas par le prix unitaire, soit 9.5 €.

> **D. LISTER LES 3 AXES PERMETTANT DE REDUIRE LE NIVEAU DU SEUIL DE RENTABILITE.**

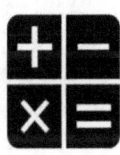

Il existe 3 manières de baisser le SEUIL DE RENTABILITE de ce projet :

- *<u>augmenter la **MARGE**</u>* : donc soit réduire le coût de revient, soit augmenter le prix de vente, ou jouer sur les deux tableaux.

- *réduire les CHARGES FIXES* : en priorité celles qui pèsent le plus ; il peut y avoir le coût d'un employé (salaire et charges sociales), les frais de déplacement,.......

- *augmenter l'ACTIVITE* : la présence sur un marché se fait généralement de 8h à 13h ; sur une place publique en fin de journée ; sur un parking de centre commercial lors des périodes de pointe et proches des déjeuners et diners. Plus il y aura de « séances d'intervention », plus le nombre de pizzas à réaliser pour couvrir les charges et dégager les revenus souhaités sera bas, et donc facile à atteindre.

E. CHOISIR 6 INDICATEURS PERMETTANT DE SUIVRE AU MIEUX LE FUTUR DEMARRAGE D'ACTIVITE.

Les indicateurs à retenir sont au choix des créateurs, mais doivent être significatifs du « décollage » de leur activité. Ils ne seront donc pas nécessairement les mêmes au bout de quelques mois d'activité (se reporter du même auteur, chez le même éditeur à l'ouvrage « **A CHACUN SON TABLEAU DE BORD** »)

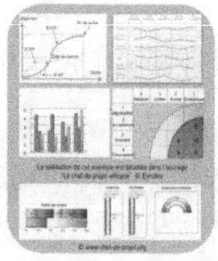

Parmi ceux que nous pourrions retenir car particulièrement stratégiques à ce stade..........
- le nombre de clients par séance d'intervention
- le nombre de « séances d'intervention »
- le ratio consommation sur place/consommation à emporter
- les frais fixes engagés, et l'écart par rapport aux charges prévisionnelles
- les pizzas les plus demandées par rapport à la trentaine proposées
- le montant et la fréquence des ventes additionnelles (boissons alcoolisées et non alcoolisées)
- le pourcentage des commandes (par téléphone, internet,...)/ventes totales (car permet de mieux gérer le timing de production)
- les lieux, jours et horaires les plus porteurs
- ....

Mais cette liste est loin d'être exhaustive. Qui plus est, il conviendra sans doute de la faire rapidement évoluer, au moins en partie ; dans le but de suivre de très près l'évolution des points les moins favorables.

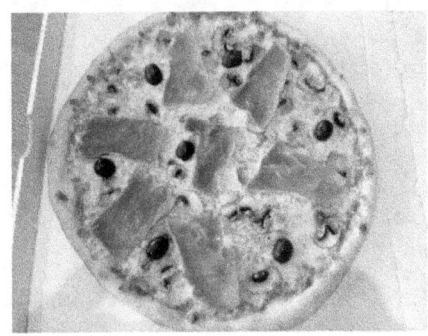

5. LE CAS « PARC OUF » DOSSIER 1 / DCG 2012 / CONTROLE DE GESTION»

Le parc d'attraction Ouf est situé en grande périphérie de la capitale et s'étend sur 52 hectares. Ce parc d'attraction a été créé au cours des années 1980, et connait quelques difficultés, notamment en matière de rentabilité.

En Europe, et particulièrement en France, les parcs d'attraction ont connu une belle progression de leur fréquentation, en partie due à l'américanisation de nos modes de vie et à l'implantation de Disneyland Paris.
Ce mastodonte a, de prime abord, suscité de vives inquiétudes pour les professionnels des parcs de taille plus modeste mais s'est révélé être paradoxalement à l'origine d'un changement de comportement des clients découvrant alors ce loisir à part entière.

La fréquentation des parcs d'attraction par habitant est encore très inférieure à celle de la population nord-américaine mais s'est cependant nettement améliorée. Toutefois, ces dépenses, qui appartiennent au budget loisirs des ménages, sont les premières à être réduites en cas de crise économique.
Depuis 2008, le parc d'attraction Ouf, comme ses concurrents, doit composer avec une baisse de la fréquentation et du ticket moyen par visiteur.

La direction générale du parc s'inscrit dans un processus de réflexion articulé autour de quatre axes de travail:

- mettre sur pied une opération promotionnelle (dossier 1) ;
- affiner la connaissance des attentes de sa clientèle (dossier 2)
- modifier sa grille tarifaire (dossier 3) ;
- externaliser éventuellement la partie restauration du parc (dossier 4).

Nous n'étudierons ici que le dossier 1, pour rester sur notre theme, le SEUIL DE RENTABILITE.

DOSSIER 1 - OPPORTUNITÉ D'UNE OPÉRATION PROMOTIONNELLE

Le parc Ouf envisage d'accroître sa fréquentation et a contacté une agence de communication, chargée de la promotion du site par la mise en œuvre d'actions. Le contrôleur de gestion vous demande de l'éclairer sur l'opportunité des actions prévues et sur leurs modalités de mise en œuvre.

Travail à faire à partir des annexes 1, 2, 3 et 4 ci-après.

1. À partir de l'annexe 1, déterminer le **levier opérationnel**, le **seuil de rentabilité** et **l'indice de sécurité**. Après avoir rappelé la signification de ces indicateurs, **commenter les résultats obtenus**.

2. À partir des informations fournies dans l'annexe 2, déterminer le **coefficient d'élasticité prix observé pour la demande**. Interpréter le résultat obtenu. Sachant que la direction envisage de réduire son prix de 10 %, quel effet peut-on attendre sur le nombre d'entrées qui est actuellement de 150000 ?

3. Préciser **les effets attendus de la baisse de prix** envisagée sur le résultat du parc. Commenter.

4. Pourquoi ne peut-on pas utiliser le levier opérationnel calculé à la question 1 pour estimer les effets attendus de la baisse de prix sur le résultat ?

5. À partir des annexes 1 et 3, déterminer le nombre d'entrées à réaliser pour rentabiliser l'opération commerciale décrite dans l'annexe 3. La direction du parc Ouf, échaudée par des résultats mitigés d'une campagne antérieure, réfléchit pour revoir les conditions du contrat passé avec l'agence et souhaite s'orienter vers le dispositif indiqué dans l'annexe 4.

6. Préciser l'intérêt du nouveau type de contrat pour le parc Ouf.

7. Déterminer en fonction du nombre d'entrées avec réduction, le résultat de la campagne promotionnelle dans les deux types de contrat. Définir, à partir de quel niveau de retombées commerciales, l'agence de communication est gagnante par rapport à la facturation initiale au forfait.

La direction du parc Ouf souhaite introduire un plafonnement de la rémunération du prestataire et propose, qu'au-delà de 2000 entrées issues du couponning, la partie variable tombe à 5 % du chiffre d'affaires dégagé grâce à l'opération et que, par ailleurs, l'ensemble du montant facturé ne puisse dépasser 21 000 €.

8. À partir de quel nombre d'entrées le montant du contrat restera plafonné à 21 000 €?

ANNEXE 1 - Structure des coûts du parc Ouf

Le parc Ouf, comme tout parc à thème, réclame de lourds investissements de départ visant à offrir un site comprenant des attractions si possible spectaculaires et divertissantes. Le montant annuel des coûts fixes, correspondant principalement aux amortissements des investissements, loyers et frais de personnel, se monte à 2 880 000 €.

En revanche, le coût induit par l'accueil d'un visiteur est très limité (émission de billets, contrôle, assistance pour certaines attractions…). Ce coût variable unitaire est estimé à 9 € par visiteur et par entrée.

À noter que le prix moyen d'entrée du parc s'établit à 30 €

ANNEXE 2 - Étude de marché

La clientèle est composée essentiellement de familles comprenant deux enfants âgés de 5 à 12 ans. Cette clientèle recherche principalement l'aspect ludique et la proximité de la capitale. Elle est sensible à la variable prix car il s'agit de dépenses de loisirs qui sont parmi les premières à être supprimées ou du moins diminuées, en cas de crise. Un sondage a été réalisé auprès des visiteurs. À partir de celui-ci, le service commercial et le contrôleur de gestion estiment qu'en faisant varier le prix de plus ou moins 5 € autour du prix de base de 30 €, la fréquentation annuelle du parc mesurée par le nombre de visiteurs s'établirait à:

prix demande 25€: 187 500   30€: 150 000   35€: 112 500

ANNEXE 3 - *Descriptif de la campagne promotionnelle*

L'agence « Matuvu » propose à la direction du parc Ouf une opération promotionnelle par « couponning et co-branding ». Cette action repose sur un partenariat avec une marque de produits alimentaires (biscuits de type goûter destinés au cœur de cible du parc Ouf : enfants de 7 à 12 ans) qui accepterait d'apposer sur le « packaging » du produit un coupon de réduction de 20 % à valoir sur une entrée au parc Ouf et une participation à un grand jeu concours avec pour prix :

• un séjour tout compris pour une famille (2 parents et 2 enfants) d'une valeur commerciale de 300 €. Ce prix est décerné pour 10 familles tirées au sort ayant répondu correctement à une question simple ; • 100 planches à roulettes décorées aux couleurs du partenaire industriel agroalimentaire et du parc Ouf d'une valeur de 30 €.

L'agence pour la réalisation de cette campagne a présenté à la direction du parc Ouf une facture de 18 000 € hors dotation du jeu concours.

ANNEXE 4 - *Contrat agence de communication*

Les discussions menées entre les deux partenaires conduisent à ce que la prestation ne repose plus simplement sur un forfait de 18 000 € mais sur le principe d'un fixe + variable :

- la partie fixe correspond aux frais de conception et de réalisation de l'opération de couponning et de co-branding et s'élèverait à 12 000 € ;

- la partie variable s'établirait à 10 % du chiffre d'affaires dégagé (après réduction) grâce à l'opération.

PROPOSITION DE REPONSES AUX QUESTIONS POSEES.

1. À partir de l'annexe 1, déterminer le levier opérationnel, le seuil de rentabilité et l'indice de sécurité. Après avoir rappelé la signification de ces indicateurs, commenter les résultats obtenus.

Signification des indicateurs (des « formules » de calcul ne seront pas admises comme éléments de réponse)

Le levier opérationnel, appelé également levier d'exploitation ou levier économique, mesure l'incidence d'une variation du chiffre d'affaires sur le résultat. Il s'agit de l'élasticité du résultat par rapport au chiffre d'affaires.

Le seuil de rentabilité (ou chiffre d'affaires critique) correspond au chiffre d'affaires à partir duquel le résultat devient positif.

L'indice de sécurité (ou marge de sécurité relative) indique la baisse relative (c'est-à-dire le pourcentage de baisse) possible du chiffre d'affaires avant d'être en perte.

Calcul des indicateurs

- SR en volume = 2 880 000 / (30 - 9) = 2 880 000 / 21 = 137 143 entrées

- Indice de sécurité = (CA – SR) / CA = (150 000 – 137 143) / 150 000 = 12 857 / 150 000 = 8,57 %

Si les conditions d'exploitation sont stables, le levier opérationnel peut être calculé par le rapport entre la marge sur coûts variables (MCV) et le résultat ou par l'inverse de l'indice de sécurité (une seule approche est attendue) :
MCV = 150 000 * (30 - 9) = 3150 000

Résultat = MCV − CF = 3 150 000 − 2 880 000 = 270 000
Levier = 3 150 000 / 270 000 = 11,66
Ou − 1 / 0,0857 = 11,66

Ces trois indicateurs sont une approche du risque d'exploitation. Le nombre d'entrées doit être supérieur à 137 143 pour commencer à être rentable. La marge de sécurité est faible.
Si l'activité diminue de 8,57 %, le parc est en zone de perte. Le levier opérationnel est très élevé et traduit un niveau de risque très élevé.

Levier opérationnel et indice de sécurité témoignent donc d'un risque très important.

2. À partir de l'annexe 2, déduire des données collectées le coefficient d'élasticité prix observé pour la demande de parc d'attraction en cas de baisse du prix de base et en cas de hausse du prix de base. Interpréter les résultats. La direction envisage de réduire son prix de 10 % ; quel effet peut-on attendre sur le nombre d'entrées qui est actuellement de 150 000 ?

Le coefficient d'élasticité peut être calculé comme suit :
- Elasticité / prix =
((187500−150000)/150000)/((25−30)/30)   = − 1,5

Interprétation, si le prix baisse de 10% le nombre d'entrées devrait augmenter de −1,5*−10 % = 15 %.
Dans le cas d'une réduction du prix de 10 %, le nombre d'entrées, actuellement égal à 150 000 passerait à 150 000 * 1,15 = 172 500.
Remarque : le signe négatif est normal pour une élasticité prix, et la valeur supérieure à |1| indique que la demande est très sensible à la variable prix.

3. **Préciser les effets attendus de la baisse de prix envisagée sur le résultat du parc. Commenter.**
Nouvelle demande = 172 500
Nouveau prix = 30 * 0,90 = 27€.

Calcul du résultat Chiffre d'affaires
172 500 x 27€ = 4 657 500 €
Charges variables 172 500 x 9€ = 1 552 500 €
MCV 172 500 x 18€ = 3 105 000 €
Charges fixes :   - 2 880 000 €
Résultat   225 000 €

Commentaire : le résultat diminue de 45 000 €, soit une baisse de 16,66 %. L'effet prix est beaucoup plus important que l'effet volume, et, en conséquence, la baisse de la marge sur coûts variables unitaire n'est pas suffisamment compensée par l'accroissement du volume d'activité.

4. **Pourquoi ne peut-on pas utiliser le levier opérationnel calculé à la question 1 pour estimer les effets attendus de la baisse de prix sur le résultat ?**

Le levier opérationnel suppose des conditions de prix et de coûts stables et ne peut donc pas être utilisé en cas de modification du prix.

5. **À partir des annexes 1 et 3, déterminer le nombre d'entrées à réaliser pour rentabiliser l'opération commerciale décrite dans l'annexe 3.**

Il s'agit d'un problème de seuil de rentabilité.
L'opération commerciale réclame des coûts fixes s'élevant à 24 000 € correspondant à :

- 18 000 € de frais d'agence ;
- 6 000 € de dotation du jeu concours correspondant à 100 planches offertes à 30 € et à 10 WE à 300 €.

PV entrée parc 30€
réduction de 20 % PV 6€
PV net 24 €
CV 9€
mcv opération 15€

Seuil de rentabilité de l'opération = 24000 / 15 = 1 600 entrées
On considère ici que les coûts fixes du parc sont déjà absorbés par la clientèle ou du moins on raisonne en termes de coûts spécifiques.

6. Préciser l'intérêt du nouveau type de contrat pour le parc Ouf.

L'intérêt pour le parc Ouf est de :
- variabiliser ses coûts ;
- corréler la rémunération du prestataire de service à sa performance et l'inciter ainsi à mettre tout en œuvre pour son succès.

7. Déterminer en fonction du nombre d'entrées avec réduction, le résultat de la campagne promotionnelle dans les deux types de contrat. En déduire à partir de quelles retombées commerciales, l'agence de communication est gagnante par rapport à la facturation initiale au forfait.

Résultat contrat initial : $y = 15 x - 24 000$ €
Résultat nouveau contrat : $y = 12,6 x - 18 000$ €
Soit $12,6 x - 18 000 \geq 15 x - 24 000 \quad X \geq 2 500$

8. À partir de quel nombre d'entrées, le montant du contrat restera plafonné à 21 000 € ?

Soit X le nombre d'entrées rémunérée par une partie variable à 5 % :
12 000 + (2,4 * 2 000) + 1,2 X ≤ 2 1 000   X ≤ 3 500 entrées

- En conséquence, le nombre total d'entrées ne doit dépasser :
  2 000 + 3 500 = 5 500.

****

Partie 4

« Que la stratégie soit belle est un fait. Mais n'oubliez pas de regarder le résultat »

(WINSTON CHURCHILL)

Partie 4 : VOTRE CALCUL DU SEUIL DE RENTABILITE NE VAUDRA QUE S'IL VIT

1. Comment l'atteindre facilement ?

2. Les éléments qui justifient son actualisation

3. Savoir le faire vivre et le faire évoluer

4. Savoir se remettre en cause

5. Le **SEUIL DE RENTABILITE** ne suffit pas ......

****

Toute entreprise, en France comme dans l'Union Européenne ou dans le reste du monde, vit et évolue dans un contexte où l'**instabilité**, l'**incertitude**, et les **changements** composent le quotidien. Et ces dernières années le terrorisme s'est invité, qui plus est !!!!!
Dès lors, l'entrepreneur ne peut qu'être réactif, et aborder avec motivation chacune des nouveautés qui positiveront ou perturberont le chemin préalablement établi.

1. COMMENT L'ATTEINDRE FACILEMENT ?

« L'art de la réussite consiste à savoir s'entourer des meilleurs »
(JF KENNEDY)

Etre curieux, s'informer, se former si besoin, se reformer, se transformer s'il le faut ……. des clés essentielles pour réussir dans le business comme dans la vie.

Dans cette démarche **SEUIL DE RENTABILITE**, il convient intervenir comme un agent d'investigation. En cherchant toutes les données indispensables dans notre démarche de calcul de ce point critique de l'activité, il faudra balayer très large dans ses réflexions pour s'efforcer de rien oublier parmi les charges d'exploitation (loyer, charges administratives, tout ce qui concerne le ou les véhicules,……), dans les assurances personnelles (assurance « Homme clé »,…) ou celles d'entreprise (assurance « Pertes d'exploitation »,…….).

S'il existe un salon professionnel, national ou local, s'il existe des ouvrages de référence, et si les recherches du porteur de projet le mènent sur Internet, nul doute qu'il va trouver de nouvelles clés de la réussite.
Et toujours avec le maximum d'objectivité et de lucidité ; sans nier des difficultés potentielles. A quoi sert de se voiler la face……puisque le terrain nous ramènera rapidement aux dures lois de la réalité.

Et puis bien entendu, il y a aura également l'avis de nos proches – souvent plein de bon sens – et celui de professionnels tels que l'expert-comptable, l'avocat d'affaires, le notaire, ou encore le banquier, le fournisseur, des confrères déjà en activité (afin de connaitre les difficultés rencontrées lors de leur démarrage d'activité), les clients potentiels,….. Il peut également se révéler utile de contacter sa Chambre de commerce, ou bien encore la Chambre des métiers ou celle d'Agriculture….. ; un syndicat professionnel,…….
Autant de pistes qui, si le créateur cherche à s'enrichir d'informations, lui permettront de progresser et de peaufiner son projet au mieux se ses intérêts.

« Il vaut mieux fréquenter des gens plus forts que soi » (WARREN BUFFET)

Un seul but : réussir le plus facilement possible, et dans les meilleurs délais !

Compte tenu de l'éventail de connaissances requis (gestion, social, marketing, commercial, juridique, fiscal, technique,….), n'oubliez pas que **tout avis est bon à prendre** en la matière !

Aborder un si grand nombre de thèmes pour boucler son **SEUIL DE RENTABILITE** va nécessairement **demander du temps !!!!** Mainte fois le créateur reviendra sur ses calculs initiaux, à cause de tel ou tel oubli, de telle ou telle inflexion de son plan d'action commercial et de communication, de telle ou telle information recueillie,…..

Quant à la validité de la stratégie retenue, elle se juge elle aussi dans le temps, et dans les résultats obtenus. Et d'ailleurs elle aussi, sans nul doute, évoluera, et s'adaptera aux évolutions du marché et de l'environnement.
D'autant que si le créateur avait tout sous contrôle, nous pourrions dire comme le pilote automobile **MARIO ANDRETTI**…..

« Si tout est sous contrôle, vous n'allez pas assez vite »

Quelle négligence de ne pas innover, et de ne pas faire bouger les lignes et de ne pas se développer !

2.LES ELEMENTS QUI JUSTIFIENT SON ACTUALISATION.

Trop d'entrepreneurs ne réalisent leur **SEUIL DE RENTABILITE** que dans la perspective de trouver une réponse ponctuelle, à une recherche, ou à un besoin de financement !!!!

Une fois le but atteint…. «Exit» le **SEUIL DE RENTABILITE** ! Quelle erreur ! Quel gâchis !

Ce formidable outil de pilotage à court terme, au contraire, ne demande qu'**à vivre et à évoluer au gré des menaces et des opportunités de l'environnement externe, ou de l'évolution interne des forces et des faiblesses du projet en phase de concrétisation.**

Ainsi, un grossiste constatant une trésorerie exsangue, mettra en place soit un système de recouvrement efficace, soit élargira sa clientèle aux particuliers, visant ainsi une hausse de sa marge et du cash plus significative.

Hors turbulences ou fortes opportunités spécifiques, il paraît souhaitable de rentrer à nouveau dans le contenu « intime » du **SEUIL DE RENTABILITE**…… très régulièrement (tous les mois par exemple). Et l'intérêt de chainer vos calculs, en utilisant par exemple Excel permet au créateur d'actualiser immédiatement ses calculs. Encore un plus de cet outil bureautique !!!

« Conduire une affaire avec succès consiste à faire les choses très simplement, les faire régulièrement, et ne jamais négliger de les faire » (WILLIAM LEVER)

Prise de recul indispensable pour tout entrepreneur, sous peine de se retrouver un jour face à un mur infranchissable! Pourquoi pas d'ailleurs opérer cette prise de recul avec son expert-comptable ou un consultant, ou tout autre œil extérieur, moins partie prenante du quotidien que l'entrepreneur, et bénéficiant d'un vécu d'entreprise ?

« Un pessimiste voit les difficultés dans chaque opportunité ; un optimiste voit l'opportunité dans chaque difficulté » (WINSTON CHURCHILL).

Celui qui construit pierre après pierre le **SEUIL DE RENTABILITE** – et ce devrait être le dirigeant d'entreprise, pas un tiers agissant seul comme cela se passe trop souvent encore aujourd'hui - se doit de se situer entre les deux, avec une double démarche : prise de recul et objectivité.

3. SAVOIR LE FAIRE VIVRE ET LE FAIRE EVOLUER.

« Si jamais vous vous trouvez dans un bateau qui coule, l'énergie pour changer de bateau est plus productive que l'énergie pour colmater les trous » (WARREN BUFFET)

D'où l'intérêt d'établir un **BUSINESS PLAN** régulièrement revisité.
D'où l'intérêt également de construire une arborescence de **TABLEAUX DE BORD** opérationnels et de qualité, pour suivre et contrôler les objectifs, et le cas échéant prendre des mesures correctives.

Ainsi, l'intérêt du porteur de projet est de **rester le véritable commandant de bord de son** entreprise. Quel qu'il soit, un expert (technique, en comptabilité, dans le domaine commercial,…) reste un expert, qui certes apporte sa lumière de spécialiste, dans son domaine et avec sa vision ; il ne peut être en mesure de faire la synthèse globale, et d'occuper la place du chef d'entreprise.
Qui plus est, il ne sera généralement pas responsable d'éventuelles conséquences négatives de ses conseils.

Ce rôle incombe donc, de manière exclusive à l'entrepreneur. Sinon, le risque encouru pourrait bien se révéler fatal !

4. LE SEUIL DE RENTABILITE NE SUFFIT PAS !

Bien entendu, le calcul et l'actualisation du **SEUIL DE RENTABILITE** ne suffisent pas. Les chiffres qu'il met en relief ne sont que la matérialisation financière de choix réfléchis ou de contraintes extérieures.

Le **BUSINESS PLAN** reste donc son élément fondateur ; et dans celui-ci, ceux sont les stratégies adoptées qui vont conditionner les chiffres figurant dans le calcul du SEUIL DE RENTABILITE :
* stratégie commerciale et de communication,
* stratégie ressources humaines,
* stratégie d'investissements,
……..

Qui plus est, **l'état d'esprit de l'entrepreneur** revêt une importance majeure : savoir intégrer des éléments nouveaux, se remettre en question si besoin est, ……, outre de qualités de management personnel et d'ouverture totalement indispensable à la réussite. Et le tout avec un principe de base : agir, après réflexion. N'oublions pas cette phrase du **DAÏ LAMA** :

« La valeur d'un homme s'apprécie non à ce qu'il dit mais à ce qu'il fait »

POUR UN SEUIL DE RENTABILITE UTILE ET EFFICACE
……..

- s'appuyer sur un véritable **BUSINESS PLAN** permettant de **fixer un cap**;

- savoir s'entourer d'avis, principalement ceux de professionnels, tout en sachant **rester maître à bord** ;

- adapter son chemin et son calcul du **SEUIL DE RENTABILITE** à la vie de l'entreprise, notamment par le recours aux **Tableaux de bord créés** (Tableaux de bord de Gestion & Finance, ceux concernant plus spécifiquement les clients, les produits et services, la qualité,…);

- rester **lucide et objectif**

Cette pensée du docteur **ALBERT SCHWEITZER** permet d'aller encore plus loin quant à la prise en compte de facteurs autres que ceux de pure gestion :

« Le succès n'est pas la clé du bonheur. Le bonheur est la clé du succès. Si vous aimez ce que vous faîtes, vous réussirez ».

Le **SEUIL DE RENTABILITE** permet donc d'ouvrir le chemin vers le succès.

Il contribue à tenir le cap désiré ou à le faire évoluer au mieux des intérêts des actionnaires, d'atteindre les objectifs retenus, mais aussi de s'adapter à un environnement, sectoriel, national ou international, particulièrement versatile ces dernières années.

Son but reste bien entendu d'apporter un progrès, une amélioration. La principale difficulté le concernant tient dans l'indispensable **objectivité des chiffres** et la nécessaire **actualisation** de ceux-ci.

Tout **BUSINESS PLAN** demande donc une évolution dans le temps.

Et n'oublions pas qu'en amont **réflexion et prise de décision** constituent les deux fondations « sine qua non ».

Alors…… au travail maintenant, et n'oubliez pas ……..

SEUIL DE RENTABILITE……. APPROCHE NON NEGOCIABLE !

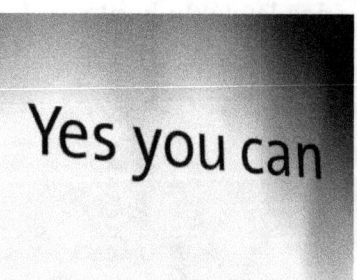

ANNEXES:

Les mots clés du SEUIL DE RENTABILITE
Bibliographie
Webographie
Articles de presse
Personnages cités

LES MOTS CLES DU SEUIL DE RENTABILITE

CHARGES VARIABLES :
Charges dont le montant fluctue en fonction du volume d'activité (exemple : matières premières,...)

CHARGES FIXES ou DE STRUCTURE :
Charges indépendantes du niveau d'activité de l'entreprise, mais pouvant varier par palier (exemple : le personnel, la location d'immeuble, dotations aux amortissements)

CHARGES SEMI-VARIABLES ou MIXTES :
Charges ayant une composante fixe et une composante variable (exemple : électricité…abonnement + consommation)

INDICE DE SECURITE
L'INDICE DE SECURITE mesure la MARGE DE SECURITE en pourcentage du Chiffre d'affaires

MARGE DE SECURITE
Ecart entre le SEUIL DE RENTABILITE et le CHIFFRE D'AFFAIRES, prévu ou réalisé.

MARGE SUR COUT VARIABLE
La MCV (Marge sur Coût Variable) résulte de la différence C.A (Chiffre d'affaires hors taxes) – CHARGES VARIABLES

POINT MORT:
Moment (ou date) auquel est atteint le Seuil de rentabilité

SEUIL DE RENTABILITE D'UNE ENTREPRISE, ou d'un PROJET:
Niveau d'activité (chiffre d'affaires, nombre d'articles vendus, nombre de clients, nombre de missions,…) au-delà duquel l'entreprise ou le projet, va commencer à dégager des bénéfices

TAUX DE MARGE SUR COUT VARIABLE
le TAUX DE MCV provient de la division MCV / C.A.

LES FORMULES A RETENIR

- CA : CHIFFRE D'AFFAIRES (total des facturations HT sur une période donnée)

- TAUX DE CV : (CV / CA) x 100

- MCV : CA – CV

- TAUX DE MCV : (MCV / CA) x 100

- R : MCV – CF

- TAUX DE R : (R / CA) x 100

- SR (en €) = CF / TAUX DE MCV

- SR (en €) = (CF x CA) / MCV

- SR (en quantités) = SR (en €) / PRIX DE VENTE UNITAIRE

- POINT MORT = (SR x 360) / CA

- MARGE DE SECURITE = CA - SR

- INDICE DE SECURITE:(MARGE DE SECURITE/CA) x 100

BIBLIOGRAPHIE / WEBOGRAPHIE

- La boite à outils du responsable financier / Caroline SELMER / DUNOD Editions / 2017

- Le petit contrôle de gestion / Séverine et Charles-Edouard GODARD / DUNOD Editions / 2017

- Toute la finance pour non financiers / DARSA – ZEITOUM / ESF Editions / 2016

- De la comptabilité de gestion au contrôle de gestion / Patrick PIGET / ECONOMICA / 2015

- Public.iutenligne.net

- Medias.dunod.com

PERSONNAGES CITES

ALAIN (1868-1951), philosophe et essayiste français.

MARIO ANDRETTI (1940 - ....), pilote automobile italo-américain.

Georges BERNANOS (1888-1948), écrivain français.

Richard BRANSON (1950-......), chef d'entreprise britannique, créateur de VIRGIN

Albert BRIE (1925-), sociologue canadien, ayant écrit plus de 3500 sketches pour une émission radiophonique au Québec.

Warren BUFFET (1930-), américain, détenteur de la 3eme fortune mondiale réalisée à partir de placements boursiers.

Winston CHURCHILL (1874-1965) ; homme d'état britannique ; orateur aux bons mots, il fut Premier ministre dans son pays de 1940 à 1945, puis de 1951 à 1955.

DALAÏ LAMA (1935-), le plus haut dignitaire spirituel au Tibet ; l'actuel est le 14eme depuis 1391.

Mickael JORDAN (1963 - …), joueur de basket-ball américain professionnel.

John Fitzgerald KENNEDY (1917-1963), président des USA.

William LEVER (1851-1925), industriel britannique, fabricant de savon, à l'origine du groupe Unilever.

Albert SCHWEITZER (1875-1965), médecin, théologien et pasteur protestant.

Jack WELCH (1935-), homme d'affaires américain, Président de Général Electric de 1981 à 2001; connu également pour sa règle des 10-10-10 ("quelles seraient les conséquences de cette décision, dans 10mn, dans 10 mois, dans 10 ans »)

****

Yannick GARAT

Diplômé de l'ESCAE de Bordeaux, de la Chambre de Commerce de Madrid, Breveté d'Etat de Tennis, j'ai puisé les fondements de cet ouvrage **« LE SEUIL DE RENTABILITE….UNE APPROCHE NON NEGOCIABLE ! »** dans la richesse et la diversité de mes expériences professionnelles, notamment en animation de formation et en intervention entreprise.

La diversité des thèmes enseignés, les expériences multiples apportées par mes animations de formations à des publics éclectiques (formation initiale de niveau Licence et Master ; formation continue en entreprise, formation de formateurs), les échanges fréquents et approfondis avec les participants à mes séminaires et tables rondes, tout comme la connaissance et la maîtrise des exigences du monde professionnel, m'assurent un recul suffisamment opérationnel pour vous proposer de vous accompagner dans la maîtrise de **VOTRE SEUIL DE RENTABILITE**

Les milliers d'apprenants croisés lors de cycles de formation ou de séminaires (en Management personnel, Management d'équipe, Gestion comptable et financière, Création de Tableaux de bord et de Business Plans, Economie d'entreprise,…), les contacts rencontrés sur les chemins de la vie, mon vécu de Directeur commercial dans l'automobile, de Chargé de mission consulaire , puis de Sous-directeur de la trésorerie et de l'International d'une banque française, et enfin celui d'Indépendant depuis plus d'une vingtaine d'années, méritaient bien de vous proposer cet ouvrage qui va bien au-delà des techniques d'apprentissage classiques, et de simples calculs.

Vous y trouverez méthodes, outils et recettes ayant fait leur preuve. Il s'agit d'assurer votre réussite au travers de cette mise en place du SEUIL DE RENTABILITE ; certes par l'acquis des connaissances et de techniques, mais aussi par votre responsabilisation dans vos choix et votre esprit d'innovation.

Bonne concrétisation, et n'oubliez pas……

LE SEUIL DE RENTABILITE….UNE APPROCHE NON NEGOCIABLE !

Edition 2018

OPTIMAL EDITIONS

Yannick GARAT ……<u>yannickgarat@sfr.fr</u>

www.ingramcontent.com/pod-product-compliance
Lightning Source LLC
Chambersburg PA
CBHW072228170526
45158CB00002BA/804